Rainer Haak

Wertvoll bin ich,
wie ich bin

Ratgeber Lebenshilfe

Rainer Haak

Wertvoll bin ich, wie ich bin

Bildnachweis:
S. 9: P. Santor; S. 17 oben: K. Radtke; S. 17 unten: Schneider/Will;
S. 29: H. + B. Dietz; S. 37 oben: IPP/IFA-Bilderteam; S. 37 unten:
G. Burbeck; S. 45: P. Santor

Die Deutsche Bibliothek – CIP-Einheitsaufnahme

Haak, Rainer:
Wertvoll bin ich, wie ich bin / Rainer Haak. – 4., überarb. und
erw. Aufl. – Lahr : SKV-Ed., 1998
   (Ratgeber Lebenshilfe ; 94405)
   ISBN 3-8256-4405-7

Ratgeber Lebenshilfe 94 405
4. überarbeitete und erweiterte Auflage 1998
Umschlaggestaltung: F. Baumann
© 1993 by SKV-EDITION, Lahr
Gesamtherstellung:
St.-Johannis-Druckerei, 77922 Lahr
Printed in Germany   5534/1998

INHALT

Vorwort	6
Mich für wertvoll halten – Warum?	8
Mangelndes Selbstwertgefühl	11
Meine eigene Geschichte	17
Der Wert jedes Menschen	22
Ich bin wertvoll	26
Das »lohnende« Spiel mit der Wertlosigkeit	33
Konkrete Schritte	37
Ein Ausblick	40
Zehnmal kurz und bündig	43

VORWORT

»Nur wenn ich meinen eigenen Wert erkenne und daran glaube, kann ich es mir leisten, so zu sein, wie ich wirklich bin.« Dieser Satz drückt kurz und prägnant die vielleicht wichtigste Voraussetzung für ein erfülltes Leben aus. Wir können es auch umgekehrt sagen: »Wenn ich mich selbst für wertlos halte, muß ich woanders meinen Wert suchen – in Besitz, Anerkennung, Selbstaufopferung oder dem, was andere mir für wertvoll verkaufen.«

Mit diesem kleinen Buch will ich Sie einladen, gemeinsam mit mir auf Entdeckungsreise zu gehen. Lassen Sie uns unseren Wert als Menschen entdecken! Wertvoll sind Sie, bin ich, eben nicht durch ein bestimmtes Parfüm, einen durchtrainierten Körper oder schicke Kleidung. Meinen Wert muß ich mir nicht erbetteln oder erarbeiten. Wertvoll bin ich, wie ich bin.

Lassen Sie uns bei dieser Entdeckungsreise zugleich offen sein für andere Menschen. Sie alle sind ebenso wertvoll und liebenswert wie wir. Und wenn sie uns fremd und andersartig erscheinen – dann lassen Sie uns die Vielfalt der Menschen und des Lebens feiern.

Ich wünsche Ihnen, liebe Leserin, lieber Leser, die Überzeugung und Erfahrung, daß Sie vom Leben geliebt sind. Ihr Wert steht lange fest, und Ihre Würde soll unantastbar sein.

Ihr Rainer Haak

MICH FÜR WERTVOLL HALTEN – WARUM?

Was mir wirklich kostbar und wertvoll ist, das behandle ich gut und mit Respekt. Ein Möbelstück, das mir außerordentlich gut gefällt, das vielleicht einen großen Erinnerungswert für mich hat, erhält einen ganz besonderen Platz. Einen Menschen, den ich gerne mag, achte ich. Ich freue mich über seine Nähe und wünsche ihm von Herzen nur Gutes.
Was ich dagegen für unwichtig und wertlos halte, das behandle ich auch so. Ich gehe damit gedankenlos und lieblos um.

Was halte ich von mir selbst? Sehe ich in mir einen wertvollen, liebenswerten Menschen? Behandle ich mich gut? Achte und schätze ich mich? Freue ich mich über meine eigene Nähe und Gesellschaft? Gönne ich mir einen besonderen Ort, an dem ich mich wohl fühlen kann, das heißt, richte ich mir meine Wohnung liebevoll ein, gestalte ich meine Umgebung schön, meinen Tag, meinen Abend? Wünsche ich mir selbst von Herzen nur Gutes?
Oder behandle ich mich ohne Liebe und ohne jede Phantasie? Wenn ich allein esse, reicht mir dann eine alte, gesprungene Tasse? Verzichte ich auf eine Tischdecke, auf Blumen? Ziehe ich die

Vorhänge zu und lasse die Sonne draußen? Vernachlässige ich meinen Körper? Verbringe ich meine Freizeit hauptsächlich vor dem Fernseher? Verwehre ich mir die meisten meiner kleinen und großen Wünsche? Oder lasse ich schon längst keine Wünsche mehr zu?

Zu einer gesunden Persönlichkeit gehört immer auch ein gesundes Selbstbewußtsein. Jeder Mensch braucht ein Bewußtsein seines besonderen Wertes, seiner Einzigartigkeit, seiner Liebenswürdigkeit. Gesunde und beglückende Beziehungen sind ihm auf Dauer nur dann möglich, wenn er sich selbst akzeptieren und lieben kann, ohne dabei jedoch nur sich selbst zu sehen. Die Weiterentwicklung jeder Persönlichkeit ist abhängig von dem Bewußtsein, einen besonderen Wert zu besitzen – einen Wert, den weiterzuentwickeln sich lohnt.

Die Voraussetzung für ein gesundes, glückliches Leben ist, daß ich mich selbst für wertvoll halte. Das heißt gerade nicht, daß ich mich maßlos überschätze, sondern ein gesundes Selbstwertgefühl besitze. Mich selbst für wertvoll zu halten, das heißt nicht, daß ich mich ständig mit anderen vergleichen muß und mich für etwas Besseres halte.

Ein gesundes Selbstwertgefühl bedeutet: Ich habe meinen Wert gefunden, bin mir seiner bewußt

— 10 —

und lebe ihn. Ich brauche nicht dafür zu arbeiten und darum zu betteln. Ich muß meinen Wert nicht ständig herausheben oder beweisen. Ich muß nicht betonen, daß ich wichtiger oder gütiger oder erfolgreicher bin als andere. Und genausowenig muß ich darauf hinweisen, wie wenig wertvoll und wie ungeschickt ich bin, nur um das Mitgefühl meiner Mitmenschen zu erlangen, ihren Schutz und ihre Hilfe.

Wir alle haben Probleme mit unserem Selbstwertgefühl, kleine Probleme oder riesengroße. Sie sind sehr vielfältig, sie haben unterschiedliche Ursachen, sie sind offensichtlich oder geschickt versteckt. Es lohnt sich, diesen Problemen ins Auge zu blicken und sich nicht mit ihnen abzufinden. Schließlich geht es um unser Leben – um unsere Gesundheit, unser Glück und unsere Erfüllung.

MANGELNDES SELBSTWERTGEFÜHL:

Drei Grundtypen

Es gibt verschiedene Grundtypen von Menschen, die kein gesundes Selbstwertgefühl besitzen. Wir werden die wichtigsten von ihnen in diesem Kapitel näher betrachten. Wie immer, wenn wir die Vielfalt menschlicher Verhaltensweisen und Gefühle in einige wenige Gruppen oder Typen einzuteilen versuchen, kann das nur eine Vereinfachung und Verallgemeinerung bedeuten, die dennoch wichtige Erkenntnisse eröffnet.

Alle drei Grundtypen, mit denen wir uns gleich beschäftigen, zweifeln bewußt oder unbewußt an ihrem Wert als Menschen. Ihr Selbstwertgefühl ist stark gestört. Allerdings reagieren sie völlig unterschiedlich auf dieses Defizit. Auch wenn Menschen nur selten hundertprozentig einem Typ angehören, werden uns bereits beim ersten Lesen konkrete Personen einfallen, die typisch A oder B oder C sind. Ja, vielleicht entdecken wir uns sogar selbst wieder.

❑ Typ A: »Ich bin ein Nichts!«

Die Vertreter dieses Typs fragen sich immer wieder voller Selbstzweifel: »Was bin ich schon? Wer mag mich wirklich, mich als Person?« Sie »suchen« fast systematisch persönliche Erniedrigungen und Enttäuschungen. »Hast du gesehen? Er hat mich schon wieder nicht gegrüßt!« Sie haben Angst, sich anderen aufzudrängen und ihnen zur Last zu fallen. Lieber ziehen sie sich völlig zurück – »mich vermißt ja doch niemand!«

Menschen, die zum Typ A zählen, trauen sich wenig zu. »Ich kann versuchen, was ich will. Es klappt doch alles nicht!« Oder: »Was ich auch anpacke, die anderen können es immer besser!« Sie halten sich für ungeschickt oder langsam oder wenig intelligent. Sie sind überzeugt, überhaupt nicht fotogen zu sein – auch wenn das Gegenteil der Fall ist –, und haben stets an ihrem Aussehen zu mäkeln. Sie sind eben zu dünn oder zu dick oder zu nichtssagend oder überhaupt ...
Oft spielen sie eine tragische Rolle, fühlen sich unverstanden und ungeliebt. Sie sehen sich gern als Märtyrer oder zurückgewiesene Idealisten. In dieser Rolle fühlen sie sich sicherer und besser aufgehoben als in der Rolle des selbstbewußten Erfolgsmenschen. Tragik und Scheitern sind ihre Möglichkeiten, auf sich aufmerksam zu machen

und Zuwendung zu bekommen. Hilflosigkeit ist ihr Mittel, Hilfe und Beachtung zu finden.

Ihnen allen ist es bisher weder gelungen, ihre Schwächen zu akzeptieren, noch ihre reichlich vorhandenen Stärken zu erkennen und weiterzuentwickeln. Ja, die Fähigkeiten und Möglichkeiten, die in ihnen stecken, sind ihnen eher unheimlich. Sie ziehen im Zweifelsfall die Ablehnung dem Applaus vor – und träumen vom Applaus nur heimlich. Sie sehnen sich unentwegt nach Liebe – und können doch nicht an ihre eigene Liebenswürdigkeit glauben.

❏ Typ B: »Ich bin besser als du!«

Diese Menschen müssen stets den Eindruck erwecken, etwas Besonderes und Außergewöhnliches zu sein. Sie können anderen sehr geschickt oder ausdauernd, manchmal auch äußerst penetrant, deutlich machen, daß sie recht haben. Am liebsten stehen sie ständig im Vordergrund. Auf Feiern oder Empfängen bringen sie es fertig, stundenlang über eigene Erfolge und Fähigkeiten zu reden.
Kritik ist etwas, was sie überhaupt nicht vertragen können. Selbst einen offensichtlichen Fehler können sie nur sehr schwer oder gar nicht zugeben. Dafür weisen sie gern auf Unzulänglichkeiten

— 14 —

anderer hin, besonders dann, wenn sie sich dadurch von »fehlerhaften« oder »durchschnittlichen« Menschen abheben können. Oft überschätzen sie sich selbst geradezu maßlos. Sie glauben, besser und fähiger und wertvoller zu sein als andere. Und wenn sie ihre hoch gesteckten Ziele einmal nicht erreicht haben, dann haben nicht sie die Schuld daran, sondern andere oder die Verhältnisse oder das Schicksal.

Vertreter von Typ B sind so gut wie nie in der Ehe- oder Erziehungsberatung zu finden. So etwas haben sie nicht nötig, das ist allenfalls etwas für die Partnerin oder den Partner. Die mangelnde Bereitschaft, sich mit ihrem eigenen Leben, ihren Beziehungen, ihren Gefühlen und Ansichten auseinanderzusetzen, ist wohlbegründet: Sie »spielen« Selbstbewußtsein und haben dieses Spiel inzwischen so sehr verinnerlicht, daß sie selbst daran glauben. Und jede ehrliche, kritische Auseinandersetzung mit sich selbst könnte das Spiel abrupt beenden. Das dürfen sie nicht zulassen. Das müssen sie unbedingt und mit allen Mitteln verhindern.

Da Menschen des Typs B sich und anderen immer wieder ihren Wert und ihre Fähigkeiten vorführen und beweisen (müssen), sind viele von ihnen beruflich äußerst erfolgreich. Erfolg, ob eingebildet oder objektiv vorhanden, ist für sie sozusagen der äußere Beweis dafür, wertvoll und liebenswert zu sein.

❏ Typ C: »Mal oben, mal unten.«

Eben waren sie noch ganz oben, stolz, zufrieden, selbstbewußt – und kurze Zeit später fallen sie endlos tief. Ein kleiner Mißerfolg, ein unangenehmer Fehler kann genügen, daß sie völlig an sich selbst zweifeln und verzweifeln. Eine scharf vorgetragene Kritik kann der Anlaß sein, daß sie sich am liebsten in einem Mauseloch verkriechen würden. Eine spöttische Äußerung, die über sie gemacht wird, kann dazu führen, daß sie sich selbst nicht mehr leiden können. Ein Hindernis, das ihnen Angst einjagt, kann sie schnell von ihrem Weg abbringen.

Genauso schnell können sie dann auch wieder oben sein. Ein kleiner, unscheinbarer Erfolg kann sie zu völliger Selbstüberschätzung führen. Ein angedeutetes Lob, eine Schmeichelei, eine positive Beurteilung an ihre Adresse kann genügen, daß sie den Blick für die Realität verlieren und sich für außergewöhnlich oder unübertrefflich halten.

Das Selbstwertgefühl der Vertreter von Typ C hängt also übermäßig stark vom Geschehen des

jeweiligen Tages ab, von dessen Erfolgen oder Mißerfolgen. Je nachdem, wo die eigenen Werte, Schwerpunkte und Lebensziele liegen, können es Erfolge oder Mißerfolge im beruflichen, im sozialen oder mitmenschlichen oder auch im ganz persönlichen, privaten Bereich sein.

Wertvoll fühlen sie sich, wenn ihnen etwas gut gelungen ist, wenn sie gelobt werden oder selbstlos geholfen haben. Von ihrer Wertlosigkeit dagegen sind sie oft schon bei dem kleinsten Fehler oder Vergehen überzeugt, wenn sie von anderen nicht genügend be- und geachtet werden oder wenn sie in eine unangenehme, schwierige Lage geraten sind.

So müssen sie ständig um ihren Wert kämpfen und ihn sich jeden Tag neu »verdienen«. Haben sie aber den Eindruck, daß ihr Wert Bestand hat, weil über längere Zeit alles gut lief, so können sie leicht übermütig und arrogant werden. Aber dann dauert es ja nicht mehr lange ...

MEINE EIGENE GESCHICHTE

Es fällt niemandem leicht, sich selbst und der eigenen Vergangenheit offen und ehrlich in die Augen zu blicken. Zu groß ist deshalb die Versuchung, die eigene Geschichte schönzufärben, in alte Denkmuster zu verfallen (»Schuld an meinen Problemen haben nur die anderen!«) oder alles Schwierige auszublenden. Trotzdem, ich will es versuchen. Ich nehme mir Zeit und blicke zurück auf meine ersten Lebensjahre.

Unzählige Bausteine für mein Selbstwertgefühl wurden in früher Kindheit zusammengefügt. Wenn mir meine Eltern zulächelten, wenn sie mich beachteten, wenn sie an meinen ersten Erfolgen und Fortschritten interessiert waren, an Erfahrungen, Erlebnissen – stets konnte mein Selbstwertgefühl sich entwickeln und wachsen.

Oder überwogen damals andere Erfahrungen? Wurde ich oft übergangen, mußte ich immer erst lange auf mich aufmerksam machen, spürte ich Desinteresse bei meinen Eltern? Wurde ich öfter kritisiert, bestraft und entmutigt als gelobt, gefördert und ermutigt? Hatte ich häufiger den Eindruck, meinen Eltern lästig zu sein?

Ich versuche, mich zu erinnern: Konnte ich mich in meiner Kindheit frei entfalten? Durfte ich malen, basteln, bauen und spielen, durfte ich mich schmutzig machen – oder hörte ich ständig Verbote und fühlte mich eingeengt? Hatte ich einen genügend großen Lebensraum, gab es Bäume und Wasser, Verstecke und Geheimnisse? Oder war ich stattdessen umgeben von Beton und Asphalt – einer kinderfeindlichen Welt preisgegeben? Konnte ich positives Selbstwertgefühl gewinnen aus Entdeckungen und Abenteuern, aus der Summe vieler kleiner Erfolge?

Habe ich damals gelernt, sinnvoll mit Kritik umzugehen? Erfuhr ich neben Kritik immer auch Lob und Anerkennung? Wußte ich mich im letzten Grunde akzeptiert und konnte so auch Kritik ohne Angst annehmen? Oder habe ich Kritik immer als Liebesentzug durch meine Mitmenschen angesehen? Habe ich noch Sätze im Ohr wie: »Wenn du das noch einmal tust, hat Mami dich gar nicht mehr lieb«?

Ich spüre, wie anstrengend es ist, auf diese Weise in meine eigene Vergangenheit zurückzuschauen. Manches hatte ich lange verdrängt, und die Erinnerung daran tut heute noch weh.
Aber ich frage und forsche weiter: Durfte ich mir als Kind Fehler leisten? Wurde es mir zugestanden, Schwäche zu zeigen? Oder mußte ich stets brav und stark erscheinen, um mir damit Liebe und Anerkennung zu erkaufen?

Wie war es in den folgenden Jahren? Wurde ich in der Schule von den Mitschülern, von den Lehrern und Lehrerinnen geachtet? Weshalb? Wegen meiner Leistungen, meiner körperlichen Stärke, meiner modischen Kleidung? Mußte ich mir Freundschaften erkaufen? Wurde ich häufig ausgelacht, gehänselt, an den Rand gedrängt?
Wie wurde ich vom »anderen Geschlecht« beachtet und bewertet? Hätte ich es mir oft anders gewünscht? Wie kam ich mit meiner Entwicklung zurecht, körperlich und geistig? Wäre ich damals gern anders gewesen, hätte ich lieber anders gehandelt oder andere Freunde gehabt? Stand ich unter ständigem Anpassungsdruck? Wollte ich unbewußt dadurch wertvoller werden, daß ich mich so verhielt, wir andere es von mir erwarteten?

Auch in späteren Jahren gab es viele Ereignisse, die für die Entwicklung meines Selbstwertgefühls eine wichtige Rolle spielten. Ich versuche, sie aus dem Nebel des Vergessens in meine Erinnerung zurückzuholen. Konnte ich meine eigenen Berufswünsche verwirklichen, oder ließ ich mich von meinen Eltern zu einer Ausbildung überreden oder zwingen, die mir gar nicht lag? Hatte ich Angst vor Prüfungen? Versagte ich oft? Was war der tiefere Grund dafür? Zerbrachen Beziehungen, Freundschaften, eine Ehe? Fing ich plötzlich wie besessen an zu arbeiten, mich teuer zu klei-

— 21 —

den oder viel zu viel zu essen? Habe ich irgend-
wann den Mut verloren und resigniert?

Wo in meinem Leben quälte mich die Angst davor, mich zu blamieren, die Angst, an Wert zu
verlieren? Hatte ich Angst, als zu klein oder zu
dick oder als ungeschickt zu gelten? Hatte ich
Versagensängste? Traute ich mich immer seltener,
in großer Runde etwas zu sagen? Hatte ich Angst,
Menschen zu langweilen oder ihnen auf die Ner-
ven zu fallen? Wo litt oder leide ich unter Schuldgefühlen? Meine ich, Menschen enttäuscht oder
falsch behandelt zu haben und deshalb minderwertig zu sein? Wo und wann warf ich mir vor,
etwas Falsches gedacht oder getan zu haben?
Warum belastete mich diese »Schuld« so lange,
warum immer noch?

Und heute? Wo finde ich heute Anerkennung und
Zuspruch? Nur im Beruf oder überhaupt nicht?
Finde ich sie nur, wenn ich leide oder schwach
bin, oder nur dann, wenn ich selbstbewußt und
stark erscheine? Habe ich Partner, Freunde und
Bekannte, die mir helfen, ein positives Selbstwertgefühl zu entwickeln? Oder suche ich stets
die Nähe von Menschen, die mich zurückweisen
und kleinmachen?

Die Geschichte meiner Beziehungen zu anderen
Menschen hat mich geprägt, geformt – und si-

cher auch verformt. Allerdings ist mir deutlich, daß ich nicht nur durch meine Mitmenschen geformt bin. Meine Persönlichkeit ist entscheidend mitbestimmt durch meine Anlagen, durch das, was mir in die Wiege gelegt worden ist. Und ich selbst war es, der mehr und mehr die Möglichkeit hatte (und es manches Mal nutzte), Erfahrungen zu verarbeiten, mit Niederlagen umzugehen und böse Kritik richtig einzuschätzen. Je älter ich wurde, um so mehr wurde mir bewußt, daß ich für meine eigene Geschichte selbst verantwortlich bin. Ich mußte herausfinden, was mir guttut und was ich vertrage – und wo ich mich schützen und deutliche Grenzen ziehen muß.

Wie ist das mit dem Satz: »Wenn du das noch einmal tust, hat Mami dich gar nicht mehr lieb«? Das eine Kind kann ihn tausendmal ignorieren oder abschütteln, und das andere hört ihn im Geiste noch als Erwachsener – Jahrzehnte später. Mancher »starke« Mann ist schon nach kurzer Zeit der Arbeitslosigkeit am Boden zerstört. Sein ganzes Selbstbewußtsein ist wie weggeblasen – während ein anderer Mensch die Zeit der Arbeitslosigkeit lächelnd hinnimmt, vielleicht das süße Nichtstun genießt und dann wahrscheinlich wegen seines intakt gebliebenen Selbstbewußtseins bald wieder einen neuen, guten Arbeitsplatz findet.

— 23 —

Ich denke an meine eigene Vergangenheit, die äußere Geschichte und die Geschichte dessen, was sich in mir abspielte und noch abspielt. Halte ich – tief drinnen – mich selbst für liebenswürdig und wertvoll? Wirklich?

DER WERT JEDES MENSCHEN

Ich kann keinen Menschen wirklich lieben, solange ich mich selbst nicht lieben kann. Ebenso gilt: Solange ich meine Mitmenschen für wertlos halte, kann ich auch nicht meinen eigenen Wert entdecken.

Schon zu Beginn des Alten Testaments der Bibel wird etwas über den Wert des Menschen gesagt: »Gott schuf den Menschen zu seinem Bilde, zum Bilde Gottes schuf er ihn.« Etwas Besonderes, etwas Wertvolles, ja etwas Göttliches steckt nach dieser Aussage in jedem Menschen. Ich will meine Augen für dieses Göttliche, für diese Würde in jedem Menschen öffnen. Und wenn ich das konsequent tue, merke ich, daß ich manche Menschen plötzlich mit anderen Augen sehe:

Da ist unsere Nachbarin, mit der ich schon so viele Auseinandersetzungen gehabt habe. Sie leidet unter einem extrem ausgeprägten Sauberkeits- und Ordnungsbedürfnis. Ich will versuchen, sie darin zu verstehen. Irgendwo wird es einen Grund für diesen »Zwang« geben. Aber daß sie den alten Hansen mitversorgt – jeden Mittag bringt sie ihm warmes Essen in seine kleine Wohnung –, weiß ich erst seit kurzer Zeit. Vielleicht wollte ich es auch gar nicht wissen, um mein negatives Bild von ihr nicht korrigieren zu müssen.

Der Hausmeister unserer Wohnanlage, so fand ich bisher, hat eine peinliche Art, alle Leute anzusprechen. Meistens fängt er damit an, über das Wetter zu reden. Mir ist das unangenehm. Ich mag seine aufdringliche Art nicht und halte lieber Abstand zu ihm. Aber – wenn ich es genau betrachte: Dieser Mann ist für viele Leute aus der Nachbarschaft ein »Ansprechpartner«, mit dem man mal ganz offen reden kann. Und er ist der einzige, der hier alle mit Namen kennt.

In unserer Einkaufsstraße sitzt häufig ein ungepflegter Mann, der um Geld bettelt. Seit Monaten sehe ich ihn dort vor einem der Geschäfte sitzen. Er sieht absolut nicht vertrauenserweckend aus. Er macht keinen »wertvollen« Eindruck. Dieser Mann hat mir die Frage nach dem Wert noch einmal besonders deutlich vor Augen geführt. Das begann damit, daß er für mich zu einem unübersehbaren Fragezeichen wurde. Ich sah mich mit meinen teuren Schuhen, meiner modischen Kleidung – und ihn, der nichts anderes will als überleben. Ich frage mich, wie und warum es so kam, daß er jetzt dort sitzt und bettelt. Begann alles mit einer Krankheit, einem schweren Schicksalsschlag, mit Arbeitslosigkeit, mit einer persönlichen Enttäuschung? Wieviel Überwindung kostet es ihn, dort zu sitzen – oder inzwischen schon nicht mehr? Ob ich mich einmal neben ihn setze und nach seiner Geschichte frage?

Jeder Mensch ist wertvoll. Nur wenn ich mir das bewußt mache, kann ich meinen eigenen Wert entdecken. Ich weiß, dazu brauche ich viel Geduld und innere Beweglichkeit. Meine Augen für den Wert jedes Menschen kann ich mir nur langsam öffnen lassen. Ich muß es trainieren, mir Zeit dafür nehmen, mich intensiv mit Menschen beschäftigen – nicht nur äußerlich. Ich muß mich wirklich auf meine Mitmenschen einlassen. Ich muß mich innerlich für sie öffnen – nur dann kann ich erfahren, wie liebenswert sie sind.

Jeder Mensch ist wertvoll, das will ich nie wieder vergessen. Aber jeder Mensch hat zugleich seine Schwächen und Fehler. Auch das will ich mir verdeutlichen. Denn manchmal geschieht es, daß ich Menschen nicht unterschätze, sondern über-

— 26 —

schätze. Vielleicht fühle ich mich gerade ihnen gegenüber ganz schnell wertlos, minderwertig, hilflos, klein. Vielleicht schüchtert mich ihre Art ein, Überlegenheit und Erfolg zu demonstrieren und mir damit zu zeigen, wie unterlegen ich ihnen bin. Dann gilt eindeutig: Ich will den Wert jedes Menschen entdecken – aber auch seine Grenzen, seine Probleme, seine Mängel. Denn wenn wir Menschen zum Bilde Gottes geschaffen sind, so sind wir noch längst keine Götter. Ja – »Götter« können mir die Luft zum Atmen nehmen, mich klein und unbedeutend und lächerlich machen.

Ich mache mir klar, daß jede Stärke auch eine Schwäche bedeutet. Der tüchtigen Mutter, die jahrelang alles für ihre Familie getan hat, gelingt es heute nicht, die erwachsen gewordenen Kinder loszulassen. Der erfolgreiche Manager, der so gut planen und überzeugen kann, hat Probleme, anderen Menschen zuzuhören. Die Frau, die ehrenamtlich eine ganze Station im Pflegeheim betreut, läuft vielleicht vor ihren Eheproblemen oder ihrer Einsamkeit fort. Jeder Mensch hat seinen Wert, jeder Mensch hat seine Begabungen und Stärken und zugleich seine Grenzen, Probleme, Mängel – so wie ich auch.

Den Wert eines Menschen zu erkennen, heißt eben nicht, ihn nur noch in rosaroten Farben zu sehen. Vielmehr heißt es, seine verschiedenen

Seiten zu sehen, seine Siege und Niederlagen, seine Ängste und Träume und Enttäuschungen, seine Gefühle und Sehnsüchte.

Um den Wert eines Menschen zu erkennen, reichen meine alten Maßstäbe nicht aus: Kleidung, Durchsetzungsvermögen, Lächeln und Höflichkeit ... Ich will andere Maßstäbe finden. Sätze von Jesus aus der Bergpredigt können mir vielleicht helfen: »Selig sind, die Leid tragen. Selig sind, die geistlich arm sind. Selig sind die Friedfertigen.« Ich will mich auf Gottes Maßstäbe einlassen oder, wie Antoine de Saint-Exupéry sagt, mit dem Herzen sehen lernen.

ICH BIN WERTVOLL

Wenn ich den Wert anderer Menschen erkannt habe, wenn ich neue Maßstäbe entdeckt und angenommen habe, wenn ich mit dem Herzen sehen gelernt habe – dann sind wichtige Voraussetzungen dafür erfüllt, daß ich auch mich selbst als wertvoll erkennen kann.

In diesem Prozeß wird es wichtig sein, daß ich mir gegenüber ehrlich bin. Ehrlichkeit ist notwendig, wenn ich mir und anderen bisher Selbstbewußtsein nur vorgespielt habe oder wenn ich mich auf der mörderischen Karriereleiter hochgearbeitet habe, um damit in erster Linie dem eigenen Vater zu gefallen. Der Vater lebt gar nicht mehr? Doch tief in mir sehe ich noch seinen enttäuschten Blick und höre seine abwertenden Worte: »Aus dir wird nie etwas!«

Ich will ehrlich sein, um mich ganz neu entdecken zu können, sozusagen ungeschminkt, unverzerrt durch meine alte »Wertlos-Brille«. Ich will entdecken, wer ich bin und warum ich wie handle, warum ich so rede und denke und arbeite, wie ich es tue, warum ich mich einerseits verkrieche und mich andererseits in den Vordergrund spiele.

Ich will beginnen, mir selbst endlich die Hindernisse zu einem gesunden Selbstwertgefühl aus dem Weg zu räumen. Was das für Hindernisse sind? Zum Beispiel diese (einige sind mir schon andeutungsweise bei der Beschäftigung mit meiner eigenen Geschichte aufgefallen):

❏ Hindernis 1: Erlittene Verletzungen

Ich setze mich mit seelischen Verletzungen aus-
einander, die ich in der Vergangenheit erlitten
habe. Ich versuche, mich genau an sie zu erinnern – und es sind viele. Eine lange Liste fällt mir
ein: Ich wurde übergangen, zur Seite gedrängt,
vernachlässigt, erniedrigt, benutzt, mißbraucht,
betrogen, falsch informiert, ausgenutzt, verach-
tet, ausgelacht. In manchen Fällen habe ich selbst
zu den Verletzungen beigetragen und sie so erst
möglich gemacht, denn ich ließ mich überge-
hen, ich ließ mich zur Seite drängen, ich ließ
mich erniedrigen oder benutzen ...
Bei jeder Verletzung stelle ich mir die Frage, wel-
che Gefühle mich bewegen, wenn ich sie mir
vergegenwärtige. Das dauert etliche Stunden,
vielleicht sogar Tage oder Wochen.
Aber ich setzte dieser Beschäftigung mit der Vergangenheit auch ein Ende. Ich streiche nach und
nach alle Verletzungen von meiner Liste: Ich lasse sie los. Ich vergebe Menschen, die mich ver-
letzt haben. Und, wo nötig, vergebe ich mir
selbst, daß ich mich habe kleinmachen lassen.

❏ Hindernis 2: Angst vor Scham und Entwürdigung

Ich habe oft Angst davor, mich für etwas schämen zu müssen, in den Augen anderer an Wert zu verlieren, entwertet zu werden. Diese Angst vor Scham ist positiv, wenn sie mich vor Handlungen bewahrt, die objektiv beschämend wären. Sie ist aber negativ, wenn sie mich daran hindert, so zu leben, wie ich es in meinem tiefsten Herzen für richtig halte.

Ist es wirklich beschämend, einen wildfremden Menschen anzusprechen? Mancher tut das ganz selbstverständlich, locker, charmant – als wäre es die normalste Sache der Welt.

Ist es wirklich entwürdigend, mich so zu kleiden, wie es mir gefällt – oder soll ich mich weiter ausschließlich nach den Vorschriften oder »guten Ratschlägen« anderer richten?

Ist es wirklich unwürdig, in meinem Alter das »nachzuholen«, was ich immer gern einmal getan hätte, was ich aber damals aus welchen Gründen auch immer unterlassen oder versäumt habe?

Ich will mich fragen, was ich alles nur deshalb nicht tue, weil ich Angst vor Scham habe. Ich will an mir arbeiten, über mein »falsches« Schamgefühl lächeln – und »es« einfach mal versuchen, immer wieder.

Angst vor Entwürdigung habe ich auch bei vielem, was ich nicht so ohne weiteres ändern kann. Ich bin klein, behindert, meine Nase ist lang, meine Haare sind dünn, ich stottere, ich bin dick? Ich mache mir deutlich, daß all dies mich niemals entwürdigen kann! Nur dann, wenn ich die falsche Einstellung dazu habe, erfahre ich Scham. Wenn ich meine Behinderung zu verstecken suche und in Angst lebe, darauf angesprochen zu werden – wenn ich mein Haar kunstvoll von links nach rechts kämme, damit niemand den fortschreitenden Haarausfall bemerken soll und es doch erst recht jeder bemerkt – wenn ich im Urlaub krampfhaft versuche, nicht als Tourist erkannt zu werden – wenn ich meinen Mitmenschen ständig etwas vorzuspielen versuche –, dann entwürdige und entwerte ich mich selbst. Nicht meine Defizite sind Grund dafür, Scham zu empfinden, sondern meine Einstellung zu ihnen und damit verbunden mein Versteckspiel. Ich will daran arbeiten, zu mir zu stehen und mich so zu akzeptieren, wie ich bin.

❏ Hindernis 3: Schuld

Zunächst einmal: Wenn ich Schuld erkenne (und darunter leide), so ist das ein positives Zeichen dafür, daß ich eben nicht über Leichen gehe, daß ich eben nicht nur an mich denke, daß ich eben doch ein Gewissen, ein Herz habe. Erkannte

— 33 —

Schuld beinhaltet zugleich immer auch die Möglichkeit, Dinge wiedergutzumachen oder zumindest in der Zukunft anders zu handeln. Allen Menschen ohne jegliches Schuldbewußtsein fehlt das charakterliche Korrektiv, und sie können zu einer gewaltigen Bedrohung und Gefahr für ihre Mitmenschen und die Umwelt werden.

Schuld jedoch, die mich auf Dauer belastet, wird mein Selbstwertgefühl eines Tages völlig aus der Balance bringen und es – im schlimmsten Fall – total zerstören. Schuld, die ewig drückt, nimmt mir die Lebensfreude, sie macht mich klein und wertlos.

So hat es einen tiefen Grund, daß der christliche Glaube deutlich von Schuld spricht – und dann auch nicht nur darüber spricht, sondern die Möglichkeit gibt, Schuld vergeben zu lassen, Schuld abzugeben und von ihr befreit zu werden.

Deshalb will ich bei jeder Schuld, die mich belastet, fragen: Was kann ich daraus lernen? Was kann ich in Ordnung bringen? Und – wie und wann kann ich diese Schuld abgeben und loslassen (nicht verdrängen!).

Aber ich will stets auch fragen, ob meine »Schuld« vielleicht nur darin besteht, daß ich mir einrede oder andere mir einreden, schuldig zu sein. Wenn mir ein Mensch (mit »großen traurigen Augen«, vielleicht die eigene Mutter) einre-

— 34 —

det, ich kümmere mich zu wenig um ihn – dann will ich fragen, ob ich diese (und jede andere) Forderung wirklich erfüllen muß, um nicht schuldig zu werden. So will ich offen und ehrlich prüfen, ob eine Schuld zu Recht besteht, und mich fragen, wie ich mit der Frage nach der Schuld konstruktiv umgehen – und wie ich eine eingebildete Schuld wieder »loswerden« kann.

Erlittene Verletzungen, Angst vor Scham und Entwürdigung, Schuldgefühle – diese und andere Hindernisse auf dem Weg zu einem gesunden Selbstwertgefühl sollen mich nicht länger demütigen können. Ich will mir die Probleme anschauen, verdeutlichen und sie mutig angehen. Und jedes Problem, jedes Hindernis, vor dem ich nicht ausweiche, das ich nicht länger ignoriere, sondern bearbeite, wird an Größe und Bedeutung in meinem Leben verlieren.

Wahrscheinlich gelingt mir diese »Arbeit« alleine, vielleicht aber sollte ich es im Gespräch mit einem anderen Menschen tun – einem Freund, einer Freundin, einem Seelsorger, einem Psychologen.

DAS »LOHNENDE« SPIEL MIT DER WERTLOSIGKEIT

Das gibt es nur in der »Fernsehwelt«: Die attraktive, junge Mutter hat gemeinsam mit ihrem Sohn bereits kunstvoll den Frühstückstisch gedeckt, draußen auf der herrlichen Terrasse. Ihr Blick schweift hinüber zur Morgensonne, die malerisch über Wiesen und Kornfeldern scheint. Da kommen auch schon der sportliche, gutaussehende Vater mit der niedlichen, blonden Tochter auf dem Fahrrad zurück nach Hause, vom fotogenen Hund schwanzwedelnd begrüßt. Sie haben frische Brötchen mitgebracht, die sofort von der Mutter auf den geschmückten Tisch gelegt werden. Die Fernsehkamera zeigt den Tisch – und jetzt, immer größer, genau in der Mitte, die Frühstücksmargarine.

Dieser kleine, so typische Werbespot läßt Millionen von Zuschauern träumen und macht sie zugleich unsicher und klein: Wie die Mutter das bloß schafft, bei zwei Kindern, einem Hund und einem großen Haus so gut und gepflegt auszusehen – wie, ja, wie ein Fotomodell! Und der Vater, lächelnd und locker, zärtlich zu seiner Frau und den Kindern, bei so einem Haus bestimmt beruflich erfolgreich, und er sieht aus, als würde er täglich einige Stunden lang Sport treiben! Dazu die

fröhlichen, lieben Kinder, der pflegeleichte Hund
– und dieses Traumhaus!

Warum, so fragen sich die Zuschauer bewußt
oder unbewußt, kriegen wir das nicht hin? Die
»reale« Mutter ist abgearbeitet und beim Frühstück noch nicht zurechtgemacht, der Vater hat
sich mürrisch hinter die Morgenzeitung verkro-
chen, die Kinder streiten sich in der viel zu kleinen Wohnung. Na, ab morgen ist wenigstens die
Frühstücksmargarine identisch!

Das ist das System, nach dem Werbung und Wirtschaft arbeiten: Den Zuschauern wird vorgeführt,
wie schön das Leben sein könnte – und wie weit
entfernt sie davon noch sind. Aber zum Glück
kann jeder etwas gegen seine Defizite tun, gegen
seine Minderwertigkeit, ja Wertlosigkeit: Wir
alle können das kaufen, was die Werbung uns an-
bietet, die Frühstücksmargarine, das sinnliche
Parfüm, das sportliche Auto, das Waschmittel fürs
gute Gewissen, die Vitaminpillen für fast ewige
Jugend oder das Bier für den sympathischen
Freundeskreis.

In der Werbung, im Fernsehen, in Magazinen
wird uns unaufhörlich das »Spiel der schönen
Menschen« vorgeführt. Schauspieler und Foto-
modelle »spielen« Leben für uns Zuschauer. Sie
üben vorher gründlich ihre Dialoge ein, ihre Ge-

stik und Mimik, sie werden geschminkt und richtig ausgeleuchtet, die Kameraeinstellung wird beliebig oft wiederholt – und wir verwechseln das Spiel immer häufiger mit der Realität.

Glückliche Menschen, die sich ihres Wertes bewußt sind, sind dagegen für die Botschaften der Werbung nicht anfällig. Glückliche, zufriedene, selbstbewußte Menschen müssen sich nichts kaufen, um ihren Wert zu erhöhen oder um glücklicher zu sein. Sie sind der Alptraum unserer Wirtschaft.
Aber die muß davor wohl keine Angst haben. Denn unsere Gesellschaft produziert weiter fleißig Minderwertigkeitsgefühle und Depressionen: Schon Kinder lernen es, daß ihr Wert abhängig gemacht wird von ihrem Betragen, ihrer Markenkleidung, ihren Leistungen und Zensuren. Und später werden sie alles, aber auch alles tun, um die anderen von ihrem Wert zu überzeugen.

Ob ich dieses Spiel weiter mitspielen will? Ob ich es anderen weiter erlauben will, mich kleinzumachen, nur damit sie sich größer vorkommen können? Ob ich weiter meinen Wert dort suchen will, wo ich ihn mit Sicherheit niemals finden werde?
Ich verdeutliche mir, daß ich bereits einige Hindernisse auf dem Weg zu einem gesunden Selbst-

— 39 —

wertgefühl erkannt habe. Ich habe mich mit meinen Verletzungen, Ängsten und Schuldgefühlen beschäftigt. Und ich habe begonnen, das »Spiel der schönen Menschen« zu durchschauen, das Spiel, das die Wertlosigkeit der Zuschauer fördern will. Ich werde daraus die Konsequenzen ziehen:

Ich bin wertvoll, und ich will selbst entscheiden, wie ich ab heute denke und handle. Ich entscheide, ob ich mich weiter klein und wertlos mache, um von anderen bemitleidet und beachtet zu werden – oder ob ich meinen Wert zeige und selbstbewußt auftrete. Ich entscheide, ob ich meinen Wert weiterhin zu verdienen suche, durch Bücken oder Treten, durch Geld oder gute Worte, durch ertragenes Leid oder Arbeiten bis zum Umfallen – oder ob ich mir meinen Wert bewußtmache und mir verdeutliche, daß er durch alle eigenen Anstrengungen nicht größer wird. Ich entscheide, ob ich weiterhin auf all das verzichten will, was mir Freude bereiten würde, nur weil ich meine, sonst an Wert zu verlieren – oder ob ich beginne, das Leben wirklich zu leben und mich daran zu freuen. Ich entscheide, ob ich mich in allem, was ich tue, nur um mich selbst drehe, ob ich an meiner Schuld zerbreche, mir selbst leid tue, mir selbst oder anderen etwas über mich zu beweisen versuche, mich bewundere, mich bemitleide – oder ob ich mich als wertvol-

— 40 —

ler Mensch befreien lasse für mich selbst, für meine Mitmenschen, für die Liebe, für das Miteinander, für eine bessere Welt, für das Leben.

Ich selbst entscheide. Und meine erste Entscheidung lautet klar und deutlich: Ich glaube an meinen Wert. Und deshalb will ich leben – endlich leben.

KONKRETE SCHRITTE

»Ich bin ein wertvoller Mensch.« Diesen Satz werde ich mir in Zukunft öfter einmal zusprechen. Ich bin wertvoll, auch wenn ich klein bin oder allein, alt oder unsportlich, Alkoholiker oder arbeitslos. Ich bin wertvoll, auch wenn ich Fehler mache. (Endgültig in der Sackgasse wäre ich, wenn ich behauptete, keine Fehler zu machen!) Ich freue mich, endlich dem Leben in mir und dir zu vertrauen – statt dem Geld oder dem »guten Ruf« oder dem äußeren Erscheinungsbild oder dem, was andere mir im Fernsehen als Leben »vorspielen«.

Ich will mich selbst mit Respekt behandeln. Ich will mich neu entdecken als Mensch, in dem besondere Fähigkeiten und wunderbare Lebensmöglichkeiten stecken, der zu tiefen Gefühlen und aufrichtiger Liebe fähig ist. Ich will mein Alter akzeptieren und nicht mit allen Mitteln versuchen, jünger zu erscheinen. Ich will meine Freizeit sinnvoll gestalten und mich nicht nur als »Arbeitstier« sehen. Ich will mir mehr zutrauen, will wieder Herausforderungen annehmen, meine Trägheit überwinden und etwas für mein innerliches Wachstum tun. Ich will Leben nicht mehr »aussitzen« oder vertun, sondern es konsequent suchen, zulassen und fördern.

Ich will versuchen, jeden Tag meines Lebens als wertvoll zu erleben, als einzigartiges Geschenk Gottes. Und ich will mein Teil dazutun, daß jeder Tag kostbar und von besonderem Wert ist. Ich »leiste« mir ein schönes Frühstück mit Blumen und einer Tischdecke, als guten Start in den Tag. Ich nehme mir Zeit für Dinge, die mir Freude bereiten. Ich lasse mich nicht länger drängen von einem falschen Druck, der mir auf den Magen schlägt, mir den Tag verdirbt und mich davon abhält, die untergehende Sonne zu betrachten.

Wie in jedem Tag will ich auch in jedem Menschen etwas Einzigartiges sehen, einen besonderen Wert – auch wenn der nicht auf den ersten

Blick zu sehen ist und unter Verletzungen, Verhärtungen oder einer abweisenden Maske verborgen liegt. Ich will Menschen eine Freude machen, auch wenn ich keinen Dank dafür erhalte. Ich will Gemeinschaft suchen und fördern und leben, ohne daß daraus immer gleich eine dauerhafte Freundschaft entstehen muß. Ich will Menschen, denen ich beim Einkaufen, Arbeiten oder Spazierengehen begegne, etwas Gutes sagen – so wie es ihrem und meinem Wert entspricht.

Ich will mich an Träume erinnern, die ich vor langer langer Zeit einmal geträumt habe – Träume von einer besseren Welt, von Liebe und Miteinander, von Werten, die zwischen Menschen wachsen und nicht auf Bankkonten. Ich will neu träumen von einem echten Leben, von Abenteuer und Phantasie, von Feiern und Singen, von Helfen und Zupacken. Und ich will alles dafür tun, daß einige Träume wahr werden. Ich will das tun, was ich als richtig und gut erkannt habe.

Und ich will lernen, über mich zu lachen. Ich will lachen können über meine ungeschickten Finger und über mein »dummes« Gesicht, als ich vom Vortrag kein Wort verstand. Ich will lachen können darüber, daß ich auf die Werbung reingefallen bin, die mir weismachen wollte, ich müsse dunkelbraune Haut und lockige Haare haben.

Ich will über mich lachen lernen, weil ich mich erst dann positiv sehen kann, liebevoll und mit einem Augenzwinkern: Ich bin wertvoll, wie ich bin.

EIN AUSBLICK

Vielleicht hatten Sie, liebe Leserin, lieber Leser, ein etwas sonderbares Gefühl, als Sie den Titel »Wertvoll bin ich, wie ich bin« zum ersten Mal in Händen hielten.

Vielleicht stellten Sie sich die Frage: Ist das nicht sehr egoistisch, sich selbst als wertvoll zu bezeichnen? Sie und ich haben von Kindheit an Sätze gehört wie: »Sei bescheiden!« – »Nimm dich nicht zu wichtig!« – »Was bildest du dir eigentlich ein?«

Inzwischen haben Sie dieses Büchlein gelesen – vielleicht sogar schon zum zweiten oder dritten Mal. Sie haben festgestellt, daß es keineswegs egoistisch ist, den eigenen Wert zu entdecken. Ein gesundes Selbstwertgefühl hat eben gerade nichts damit zu tun, sich ständig in den Vorder-

grund zu spielen und sich selbst maßlos zu überschätzen. Wer seinen Wert erkannt hat, ist davon befreit, nur um sich selbst kreisen und ständig um seinen Wert kämpfen zu müssen.

Ein gesundes Selbstwertgefühl ist eine wesentliche Voraussetzung für Lebensfreude, Zufriedenheit und persönliches Wohlbefinden.

Lassen Sie uns noch einen Blick auf unsere heutige Gesellschaft werfen. Wir alle machen uns Sorgen wegen zunehmender Kriminalität und Gewaltbereitschaft, Bestechlichkeit, Vandalismus, fehlendem Unrechtsbewußtsein auf der einen Seite – und Depression, Antriebslosigkeit, Flucht in die Drogen, Rückzug ins Private, schwindender Bereitschaft zu Nachbarschaftshilfe und nachlassendem gesellschaftlichem Engagement auf der anderen Seite.

Ich bin fest davon überzeugt, daß die meisten dieser Probleme mit mangelndem Selbstwertgefühl zu tun haben. Wenn Menschen sich für wertlos halten, müssen sie sich ihren »Wert« eben woanders holen, sie müssen ihn sich selbst ständig beweisen oder das vorhandene Vakuum anders ausfüllen. Sie müssen sich ohne Rücksicht nehmen, was ihnen »wertvoll« erscheint – Geld, Autos, Sex, Macht, Erfolg. Und unsere Gesellschaft hat dem immer weniger an Selbstbewußtsein und wirklichen Werten entgegenzusetzen.

Wieder andere resignieren in ihrem Gefühl, wert-

— 46 —

los zu sein. Ihre Aggressionen richten sie gegen sich selbst – oder sie flüchten in Ersatzwelten (Computer, Fernsehen ...) oder in den persönlichen Luxus.

Wenn wir uns nun auf den Weg machen, unseren eigenen Wert zu entdecken, dann tun wir das Beste, was wir für uns und damit auch für unsere Gesellschaft tun können. Und dann? Dann wird es uns – mit einem gesunden Selbstwertgefühl und Selbstbewußtsein – vielleicht auch gelingen, andere Menschen auf diesem Weg zu begleiten: dem Weg zu einem aufrechten, befreiten, selbstbewußten, erfüllten Leben.

ZEHNMAL KURZ UND BÜNDIG

1. Ich bin wertvoll – von Geburt an, geschaffen für das Leben.
2. Ich bin wertvoll – mit vielen Begabungen und guten Möglichkeiten zum Leben.
3. Ich bin wertvoll – genauso wie jeder andere Mensch auch.
4. Ich bin wertvoll – darum muß ich mir meinen Wert niemals erbetteln, erschleichen, kaufen oder verdienen.
5. Ich bin wertvoll – und darf mich auch mal feiern lassen, mich selbst verwöhnen und gut zu mir sein.
6. Ich bin wertvoll – und darf andere Menschen auf eine Weise unterstützen, erfreuen, begleiten, trösten, daß sie ihre Würde behalten oder zurückbekommen.
7. Ich bin wertvoll – trotz meiner zahlreichen Schwächen und Fehler.
8. Ich bin wertvoll – auch wenn manche Menschen das niemals »merken«.
9. Ich bin wertvoll – in guten und in schlechten Zeiten, in Erfolgen und Niederlagen, in der Jugend und im Alter.
10. Ich bin wertvoll – und darum kann ich es mir leisten, auch mal über mich zu lächeln.